Midnight in Montmartre: Short Stories in French for Beginners

Artici Bilingual Books

Published by Artici Bilingual Books, 2024.

MIDNIGHT IN MONTMARTRE: SHORT STORIES IN FRENCH FOR BEGINNERS

First edition. April 11, 2024.

Copyright © 2024 Artici Bilingual Books.

ISBN: 979-8224775101

Written by Artici Bilingual Books.

Table of Contents

Un Souffle dans le Vent

Dans le pittoresque village de Saint-Briac, niché le long de la côte accidentée de Bretagne, vivait une jeune femme nommée Élodie. Elle était comme un lys fleurissant au milieu des falaises rocheuses, son esprit aussi doux que la brise marine qui dansait dans les ruelles étroites.

Élodie passait ses journées à tisser des contes avec les fils de son imagination, ses doigts habiles brodant les mots sur la toile de son esprit. Elle se promenait souvent le long du rivage, où les vagues chuchotaient des secrets anciens, et où les mouettes chantaient des mélodies de terres lointaines.

Un matin brumeux, alors que le soleil se montrait timidement à travers les nuages, Élodie se lança dans sa promenade quotidienne. Elle se promenait le long des sentiers pavés, ses pas résonnant en harmonie avec le rythme cadencé de la mer.

Alors qu'elle errait, les pensées d'Élodie divaguaient aussi, dérivant comme les volutes de brouillard qui s'accrochaient aux falaises. Elle méditait sur les mystères de la vie, la beauté de la nature, et les chuchotements des contes bretons anciens qui résonnaient dans le vent.

Soudain, une voix brisa la tranquillité du matin, une voix aussi douce qu'un murmure mais aussi puissante que la marée. Élodie se retourna, son cœur battant comme un oiseau prenant son envol, et vit une silhouette émerger de la brume.

C'était un homme, grand et mince, avec des yeux qui brillaient comme les étoiles se reflétant dans la mer de minuit. Il s'approcha d'Élodie avec un sourire aussi chaleureux que l'étreinte du soleil, et elle sentit une étincelle s'allumer au fond de son âme.

"Bonjour, mademoiselle," salua l'homme, sa voix douce comme de la soie. "Je suis Jean, un voyageur cherchant refuge de la tempête qui se prépare à l'horizon. Connaitriez-vous un endroit où je pourrais reposer mes os fatigués?"

Élodie hocha la tête, ses joues rougissant d'une teinte délicate de rose. "Oui, monsieur," répondit-elle, sa voix aussi douce qu'une berceuse. "Vous pouvez chercher refuge dans la vieille auberge à la lisière du village. C'est un humble abri, mais son foyer brûle d'une chaleur et d'une hospitalité accueillantes."

Avec un sourire reconnaissant, Jean s'inclina gracieusement devant Élodie et se dirigea vers l'auberge, sa silhouette se dissipant dans la brume comme un navire disparaissant à l'horizon.

Les jours se transformèrent en semaines, et les semaines en mois, mais Jean resta à Saint-Briac, sa présence s'insérant dans le tissu du village comme un fil dans une tapisserie. Il partageait des histoires de ses voyages, de terres loin de l'horizon où les dragons planaient et les chevaliers se battaient pour l'honneur et la gloire.

Élodie écoutait avec une attention captivée, son imagination s'élevant sur les ailes des mots de Jean. Elle se trouvait captivée par ses récits, attirée vers lui comme un papillon vers une flamme, mais craignant le feu qui brûlait dans son cœur.

Un soir, alors que le soleil disparaissait à l'horizon et que les étoiles peignaient le ciel de leur lueur céleste, Élodie se retrouva au bord de la falaise, ses pensées aussi turbulentes que la mer en dessous.

Jean apparut à côté d'elle, sa présence aussi réconfortante que l'étreinte des vagues de l'océan. "Que vous tourmente, ma chère?" demanda-t-il, sa voix douce mais emplie de préoccupation.

Élodie hésita, son cœur battant comme le rythme de la marée. "Je crains d'être qu'une simple demoiselle, indigne des aventures qui dansent dans vos contes," avoua-t-elle, ses mots emportés par le vent.

Jean tendit doucement la main et prit celle d'Élodie dans la sienne, son toucher aussi délicat que la caresse d'une brise. "Ne doutez pas de vous-même, Élodie," murmura-t-il, ses yeux reflétant les profondeurs de son âme. "Car en vous réside un monde de merveilles qui attend d'être découvert, une histoire qui attend d'être racontée."

Avec ces mots, Jean s'inclina et pressa ses lèvres contre celles d'Élodie, son baiser aussi doux que le souffle du printemps. Et en cet instant, sous les étoiles et le ciel illuminé par la lune, Élodie sentit ses craintes fondre comme la neige au soleil.

Dès ce jour-là, Élodie et Jean se lancèrent dans leur propre aventure, explorant les rues sinueuses de Saint-Briac et les criques cachées le long de la côte. Ils rirent et dansèrent sous le soleil breton, leur amour fleurissant comme les fleurs qui ornaient les falaises.

Et bien que leur voyage fût rempli de détours, de tempêtes et de soleil, Élodie savait que tant qu'elle aurait Jean à ses côtés, elle trouverait toujours son chemin chez elle.

Car l'amour, comme le murmure du vent et le murmure de la mer, ne connaît pas de limites.

A Whisper in the Wind

In the quaint village of Saint-Briac, nestled along the rugged coastline of Brittany, there lived a young woman named Élodie. She was like a lily blooming amidst the rocky cliffs, her spirit as gentle as the sea breeze that danced through the narrow streets.

Élodie spent her days weaving tales with threads of imagination, her fingers deftly stitching words onto the canvas of her mind. She often wandered along the shore, where the waves whispered secrets of old, and the seagulls sang melodies of distant lands.

One misty morning, as the sun timidly peeked through the clouds, Élodie embarked on her daily stroll. She meandered along the cobblestone paths, her steps echoing in harmony with the rhythmic cadence of the sea.

As she wandered, Élodie's thoughts wandered too, drifting like the wisps of fog that clung to the cliffs. She pondered the mysteries of life, the beauty of nature, and the whispers of the ancient Breton tales that echoed in the wind.

Suddenly, a voice broke through the tranquility of the morning—a voice as soft as a whisper yet as powerful as the tide. Élodie turned, her heart fluttering like a bird taking flight, and saw a figure emerging from the mist.

It was a man, tall and lean, with eyes that gleamed like the stars reflected in the midnight sea. He approached Élodie with a smile as warm as the sun's embrace, and she felt a spark ignite within her soul.

"Bonjour, mademoiselle," the man greeted, his voice as smooth as silk. "I am Jean, a traveler seeking shelter from the storm that brews on the horizon. Might you know of a place where I can rest my weary bones?"

Élodie nodded, her cheeks flushed with a delicate shade of rose. "Oui, monsieur," she replied, her voice as gentle as a lullaby. "You may seek refuge in the old inn at the edge of the village. It is a humble abode, but its hearth burns bright with warmth and hospitality."

With a grateful smile, Jean bowed graciously before Élodie and set off towards the inn, his silhouette fading into the mist like a ship vanishing into the horizon.

Days turned into weeks, and weeks into months, yet Jean remained in Saint-Briac, his presence weaving itself into the fabric of the village like a thread in a tapestry. He shared stories of his travels, of lands far beyond the horizon where dragons soared and knights battled for honor and glory.

Élodie listened with rapt attention, her imagination soaring on the wings of Jean's words. She found herself captivated by his tales, drawn to him like a moth to a flame, yet fearful of the fire that burned within her heart.

One evening, as the sun dipped below the horizon and the stars painted the sky with their celestial glow, Élodie found herself standing at the edge of the cliff, her thoughts as turbulent as the sea below.

Jean appeared beside her, his presence as comforting as the embrace of the ocean's waves. "What troubles you, ma chère?" he asked, his voice soft yet filled with concern.

Élodie hesitated, her heart pounding like the rhythm of the tide. "I fear that I am but a simple maiden, unworthy of the adventures that dance within your tales," she confessed, her words carried away by the wind.

Jean reached out and gently took Élodie's hand in his own, his touch as gentle as the caress of a breeze. "Do not doubt yourself, Élodie," he whispered, his eyes reflecting the depths of her soul. "For within you lies a world of wonders waiting to be discovered, a story waiting to be told."

With those words, Jean leaned in and pressed his lips against Élodie's, his kiss as sweet as the breath of springtime. And in that moment, beneath the stars and the moonlit sky, Élodie felt her fears melt away like snow beneath the sun.

From that day forth, Élodie and Jean embarked on their own adventure, exploring the winding streets of Saint-Briac and the hidden coves along the coastline. They laughed and danced beneath the Breton sun, their love blossoming like the flowers that adorned the cliffs.

And though their journey was filled with twists and turns, storms and sunshine, Élodie knew that as long as she had Jean by her side, she would always find her way home.

For love, like the whisper of the wind and the murmur of the sea, knows no bounds.

Minuit à Montmartre

Les rues de Paris murmuraient des secrets à ceux qui osaient écouter, des secrets cachés dans l'ombre des bâtiments anciens de la ville, des secrets qui dansaient dans la nuit comme des fantômes au clair de lune. Et lors d'une soirée fatidique, au milieu de l'agitation de Montmartre, un jeune homme nommé Pierre se retrouva entraîné dans le labyrinthe de mystères cachés au cœur de la ville lumière.

Pierre était un rêveur, son âme aussi agitée que le vent qui balayait les ruelles étroites de Montmartre. Il errait dans les rues avec un sentiment de nostalgie dans son cœur, cherchant quelque chose qu'il ne pouvait nommer, quelque chose qui lui échappait comme un souvenir fugace.

Au moment où l'horloge sonnait minuit, Pierre se trouva sous le regard attentif du Sacré-Cœur, ses dômes illuminés par la douce lueur de la lune. Il ferma les yeux et laissa le rythme de la ville l'envahir, le son lointain du jazz se mêlant aux rires des amoureux et au tintement des verres dans les cafés à proximité.

Soudain, une voix perça le silence, une voix aussi sensuelle que les notes d'un saxophone. Pierre ouvrit les yeux pour voir une femme se tenant devant lui, ses yeux aussi sombres que la nuit elle-même, ses lèvres courbées en un sourire joueur.

"Bonjour, monsieur," miaula-t-elle, sa voix envoyant des frissons dans l'échine de Pierre. "Qu'est-ce qui vous amène à Montmartre en une nuit si magique?"

Pierre sentit son cœur manquer un battement en regardant dans les yeux de la femme, ses sens enivrés par sa présence. "Je... Je suis juste un vagabond à la recherche d'inspiration," bafouilla-t-il, ses mots tombant comme des feuilles emportées par une bourrasque de vent.

La femme rit doucement et tendit la main à Pierre. "Alors viens, mon cher," dit-elle, sa voix comme un chant de sirène. "Laisse-moi te montrer les merveilles cachées de Montmartre."

Avec un mélange d'excitation et d'appréhension, Pierre prit la main de la femme et la laissa le conduire au cœur de Montmartre. Ils errèrent à travers des ruelles faiblement éclairées et des rues pavées, leurs pas résonnant dans le silence de la nuit.

En chemin, la femme se présenta comme Isabelle, un esprit libre qui arpentait les rues de Paris à la recherche d'aventure et d'excitation. Elle régala Pierre d'histoires de ses escapades, de nuits passées à danser sous les étoiles et de journées perdues dans le labyrinthe des musées et galeries de la ville.

Alors qu'ils marchaient, Pierre ressentit un sentiment d'exaltation parcourir ses veines, un sentiment de liberté qu'il n'avait jamais connu auparavant. Avec Isabelle à ses côtés, il se sentait comme s'il pouvait conquérir le monde, ses peurs et ses insécurités s'estompant comme des souvenirs lointains.

Leur voyage les mena à une cour cachée nichée derrière une rangée de bâtiments anciens, un sanctuaire épargné par le passage du temps. Ils s'assirent sous les étoiles, leur rire se mêlant au son d'un accordéon lointain flottant dans l'air nocturne.

Au fil des heures, Pierre et Isabelle partagèrent leurs espoirs et leurs rêves, leurs craintes et leurs doutes dévoilés sous la couverture du ciel nocturne. Et lorsque l'aube commença à se lever à l'horizon, peignant le ciel de teintes rose et or, Pierre sut qu'il avait trouvé quelque chose de vraiment magique au cœur de Montmartre.

Car en Isabelle, il avait trouvé non seulement une âme sœur mais aussi une muse qui enflammait les flammes de la passion en son âme. Et tandis qu'ils regardaient le lever du soleil ensemble, main dans la main, Pierre savait que son voyage ne faisait que commencer, un voyage rempli de possibilités infinies et la promesse d'un amour qui résisterait à l'épreuve du temps.

Midnight in Montmartre

The streets of Paris whispered secrets to those who dared to listen, secrets hidden in the shadows of the city's ancient buildings, secrets that danced through the night like ghosts in the moonlight. And on one fateful evening, amidst the hustle and bustle of Montmartre, a young man named Pierre found himself drawn into the labyrinth of mysteries that lay hidden within the city of lights.

Pierre was a dreamer, his soul as restless as the wind that swept through the narrow alleys of Montmartre. He wandered the streets with a sense of longing in his heart, searching for something he could not name, something that eluded him like a fleeting memory.

As the clock struck midnight, Pierre found himself standing beneath the watchful gaze of the Sacré-Cœur, its domes illuminated by the soft glow of the moon. He closed his eyes and let the rhythm of the city wash over him, the distant sound of jazz mingling with the laughter of lovers and the clinking of glasses in the nearby cafés.

Suddenly, a voice broke through the silence, a voice as sultry as the notes of a saxophone. Pierre opened his eyes to see a woman standing before him, her eyes as dark as the night itself, her lips curved into a playful smile.

"Bonjour, monsieur," she purred, her voice sending shivers down Pierre's spine. "What brings you to Montmartre on such a magical night?"

Pierre felt his heart skip a beat as he looked into the woman's eyes, his senses intoxicated by her presence. "I... I am but a wanderer in search of inspiration," he stammered, his words tumbling out like leaves caught in a gust of wind.

The woman chuckled softly and extended her hand to Pierre. "Then come, mon cher," she said, her voice like a siren's song. "Let me show you the hidden wonders of Montmartre."

With a mixture of excitement and trepidation, Pierre took the woman's hand and allowed her to lead him into the heart of Montmartre. They wandered through dimly lit alleyways and cobblestone streets, their footsteps echoing in the silence of the night.

Along the way, the woman introduced herself as Isabelle, a free spirit who roamed the streets of Paris in search of adventure and excitement. She regaled Pierre with tales of her escapades, of nights spent dancing beneath the stars and days lost in the labyrinth of the city's museums and galleries.

As they walked, Pierre felt a sense of exhilaration coursing through his veins, a feeling of liberation he had never known before. With Isabelle by his side, he felt as though he could conquer the world, his fears and insecurities fading into the background like distant memories.

Their journey led them to a hidden courtyard tucked away behind a row of ancient buildings, a sanctuary untouched by the passage of time. They sat beneath the stars, their laughter mingling with the sound of a distant accordion drifting through the night air.

As the hours passed, Pierre and Isabelle shared their hopes and dreams, their fears and doubts laid bare beneath the blanket of the midnight sky. And as dawn began to break on the horizon, painting the sky with hues of pink and gold, Pierre knew that he had found something truly magical in the heart of Montmartre.

For in Isabelle, he had found not only a kindred spirit but also a muse who ignited the flames of passion within his soul. And as they watched the sunrise together, hand in hand, Pierre knew that his journey was only just beginning, a journey filled with endless possibilities and the promise of a love that would endure the test of time.

Lumière du Soleil et Ombres à Marseille

Dans la ville vibrante de Marseille, où le soleil embrassait la mer et où les ombres dansaient le long des rues anciennes, vivait une jeune fille nommée Amélie. Elle était comme un rayon de soleil au milieu des foules animées, son rire résonnant à travers les ruelles étroites comme le son de cloches lointaines.

Amélie passait ses journées à tisser des paniers avec les roseaux qui poussaient le long des rives du Rhône, ses doigts agiles travaillant les brins en motifs complexes. Elle vendait ses articles sur la place du marché animée, sa voix s'élevant au-dessus du tumulte alors qu'elle appelait les passants avec un sourire aussi éclatant que le soleil de midi.

Mais sous son extérieur joyeux, Amélie portait un fardeau qui pesait lourdement sur son cœur. Elle aspirait à explorer le monde au-delà de Marseille, à parcourir la campagne et à déambuler dans les rues pavées de villes lointaines. Pourtant, ses devoirs envers sa famille la maintenaient attachée à la ville portuaire, comme un navire ancré dans le port par des chaînes invisibles.

Un jour, alors qu'Amélie se promenait le long du front de mer, ses yeux attirés par l'horizon où la mer rencontrait le ciel, elle vit une vue qui la remplit d'émerveillement. C'était un bateau, ses voiles gonflées par la brise, sa proue fendait les vagues comme un couteau dans du beurre.

Amélie regarda avec un souffle retenu alors que le bateau se rapprochait, son cœur battant d'excitation à la perspective d'aventure. Et alors qu'il accostait au port, elle vit un homme sortir du pont, son visage usé par le soleil et ses yeux pétillant d'un désir de voyage.

Il était marin, un voyageur des mers qui avait navigué vers des contrées lointaines et avait vu des merveilles au-delà de l'imagination. Son nom était Jacques, et il était venu à Marseille à la recherche de provisions pour son prochain voyage.

Amélie sentit un battement dans son cœur alors qu'elle regardait Jacques naviguer dans le port bondé, sa présence attirant l'attention comme un capitaine à la barre de son navire. Elle brûlait de lui parler, d'apprendre les endroits qu'il avait vus et les aventures qu'il avait vécues.

Rassemblant son courage, Amélie s'approcha de Jacques et lui offrit un panier de roseaux fraîchement tissés, sa voix tremblant de nervosité. "Bonjour, monsieur," dit-elle, ses yeux brillant de curiosité. "Je m'appelle Amélie, et je serais honorée si vous acceptiez ce cadeau comme un signe de bienvenue à Marseille."

Jacques sourit chaleureusement et accepta le panier, son regard s'attardant sur le visage d'Amélie comme le soleil caressant les pétales d'une fleur. "Merci, ma chère," répondit-il, sa voix aussi douce que la soie. "Vous êtes aussi belle que la ville elle-même, et je vous suis reconnaissant pour votre gentillesse."

À partir de ce moment, Amélie et Jacques devinrent des compagnons inséparables, leurs journées remplies de rire et d'aventure alors qu'ils explorait les coins cachés de Marseille ensemble. Ils erraient dans les ruelles tortueuses de la vieille ville, leurs pas résonnant dans le silence de la sieste de l'après-midi.

Ils montèrent au sommet de Notre-Dame de la Garde, où ils regardèrent le coucher de soleil peindre le ciel de teintes orange et or, la ville s'étalant sous eux comme une courtepointe. Et tandis que les étoiles apparaissaient dans le ciel nocturne, ils dansaient sous la lueur de la lune, leur rire se mêlant au son de la musique lointaine des cafés le long du front de mer.

Un soir, alors qu'ils regardaient le soleil se coucher sous l'horizon et que les ombres s'allongeaient le long du front de mer, Amélie se confia à Jacques, ses mots débordant comme les vagues s'écrasant contre le rivage. "Je t'aime, Jacques," murmura-t-elle, sa voix tremblant d'émotion. "Mais je ne peux supporter l'idée que tu me laisses derrière, attachée à cette ville pendant que tu navigues sur les mers à la recherche d'aventure."

Jacques prit la main d'Amélie dans la sienne et la tint doucement, son toucher comme l'ancre qui la maintenait stable au milieu des mers agitées de l'incertitude. "Ma chère Amélie," dit-il, sa voix emplie de tendresse. "Tu es la lumière qui me guide chez moi, le phare qui brille à travers les nuits les plus sombres. Et bien que je voyage loin et large, mon cœur t'appartiendra toujours, ici à Marseille."

Avec ces mots, Jacques s'agenouilla devant Amélie et pressa ses lèvres contre les siennes, scellant leur amour avec un baiser qui disait beaucoup de la passion qui brûlait dans leurs âmes. Et tandis qu'ils s'étreignaient sous le ciel étoilé, Amélie savait que peu importe où les courants de la vie les emporteraient, ils trouveraient toujours leur chemin l'un vers l'autre, comme le soleil perçant les ombres au cœur de Marseille.

Sunlight and Shadows in Marseille

In the vibrant city of Marseille, where the sun kissed the sea and the shadows danced along the ancient streets, there lived a young girl named Amélie. She was like a ray of sunshine amidst the bustling crowds, her laughter echoing through the narrow alleyways like the sound of distant bells.

Amélie spent her days weaving baskets from the reeds that grew along the banks of the Rhône, her fingers nimble as they worked the strands into intricate patterns. She sold her wares in the bustling market square, her voice rising above the clamor as she called out to passersby with a smile as bright as the midday sun.

But beneath her cheerful exterior, Amélie carried a burden that weighed heavily upon her heart. She longed to explore the world beyond Marseille, to roam the countryside and wander the cobblestone streets of distant cities. Yet her duties to her family kept her tethered to the port city, like a ship anchored to the harbor by invisible chains.

One day, as Amélie wandered along the waterfront, her eyes drawn to the horizon where the sea met the sky, she saw a sight that filled her with wonder. It was a boat, its sails billowing in the breeze, its prow cutting through the waves like a knife through butter.

Amélie watched with bated breath as the boat drew closer, her heart racing with excitement at the prospect of adventure. And as it docked at the harbor, she saw a man emerge from the deck, his face weathered by the sun and his eyes sparkling with a sense of wanderlust.

He was a sailor, a traveler of the seas who had journeyed to far-off lands and witnessed wonders beyond imagination. His name was Jacques, and he had come to Marseille in search of provisions for his next voyage.

Amélie felt a flutter in her heart as she watched Jacques navigate the crowded dock, his presence commanding attention like a captain at the helm of his ship. She longed to speak to him, to learn of the places he had seen and the adventures he had experienced.

Summoning her courage, Amélie approached Jacques and offered him a basket of freshly woven reeds, her voice trembling with nervousness. "Bonjour, monsieur," she said, her eyes shining with curiosity. "I am Amélie, and I would be honored if you would accept this gift as a token of welcome to Marseille."

Jacques smiled warmly and accepted the basket, his gaze lingering on Amélie's face like the sun caressing the petals of a flower. "Merci, ma chère," he replied, his voice as smooth as silk. "You are as lovely as the city itself, and I am grateful for your kindness."

From that moment on, Amélie and Jacques became inseparable companions, their days filled with laughter and adventure as they explored the hidden corners of Marseille together. They wandered through the winding streets of the old town, their footsteps echoing in the silence of the afternoon siesta.

They climbed to the top of Notre-Dame de la Garde, where they watched the sunset paint the sky with hues of orange and gold, the city spread out below them like a patchwork quilt. And as the stars emerged in the night sky, they danced beneath the moonlight, their laughter mingling with the sound of distant music drifting from the cafés along the waterfront.

One evening, as they watched the sun sink below the horizon and the shadows lengthen along the waterfront, Amélie poured out her heart to Jacques, her words tumbling out like the waves crashing against the shore.

"I love you, Jacques," she whispered, her voice trembling with emotion. "But I cannot bear the thought of you leaving me behind, bound to this city while you roam the seas in search of adventure."

Jacques took Amélie's hand in his own and held it gently, his touch like the anchor that kept her grounded amidst the stormy seas of uncertainty. "Ma chère Amélie," he said, his voice filled with tenderness. "You are the light that guides me home, the beacon that shines through the darkest of nights. And though I may travel far and wide, my heart will always belong to you, here in Marseille."

With those words, Jacques knelt before Amélie and pressed his lips to hers, sealing their love with a kiss that spoke volumes of the passion that burned within their souls. And as they embraced beneath the starlit sky, Amélie knew that no matter where life's currents may take them, they would always find their way back to each other, like sunlight breaking through the shadows in the heart of Marseille.

Échos de l'Éternité

Au cœur de la France, là où les douces collines se déroulaient comme des vagues sur une vaste mer dorée, existait un village oublié du temps. Son nom était Saint-Étienne-du-Mont, et il se nichait au milieu de champs de lavande et de tournesols, ses anciennes maisons de pierre chuchotant les secrets des siècles passés.

Au centre du village se dressait une grande cathédrale, ses flèches s'élevant vers les cieux comme des doigts cherchant le divin. Dans ses salles sacrées, les échos de prières depuis longtemps prononcées résonnaient dans l'air, se mêlant au parfum de l'encens et à la lumière vacillante des bougies.

C'est ici, à l'ombre des murs de la cathédrale, qu'une jeune femme nommée Marie se retrouva attirée un soir d'automne vif. Elle était une figure solitaire, ses pas résonnant dans le silence des rues désertes, son cœur lourd du poids de la solitude.

Marie avait connu la perte et la tristesse, sa vie touchée par la tragédie de manière à peine supportable. Elle cherchait un réconfort dans l'étreinte de la cathédrale, cherchant des réponses à des questions qui hantaient son esprit agité.

En entrant dans la nef faiblement éclairée, Marie fut frappée par le sentiment d'awe qui l'envahissait comme une vague déferlante. Les vitraux colorés baignaient l'intérieur dans un kaléidoscope de couleurs, projetant des motifs éthérés sur le sol de pierre froide.

Elle s'agenouilla devant l'autel, ses mains jointes en prière, ses lèvres bougeant silencieusement alors qu'elle déversait son cœur aux forces invisibles qui résidaient dans l'espace sacré. Elle priait pour la guidance, pour la rédemption, pour un éclat d'espoir au milieu des ténèbres qui menaçaient de consumer son âme.

Et dans ce moment de désespoir, Marie entendit une voix - une voix aussi douce qu'un chuchotement mais aussi puissante qu'un coup de tonnerre.

Elle semblait émaner des profondeurs mêmes de son être, résonnant en elle comme le tintement d'une cloche lointaine.

"Enfant de la tristesse, pourquoi pleures-tu ?" demanda la voix, ses mots résonnant à travers l'espace caverneux de la cathédrale.

Marie leva les yeux, ses yeux écarquillés d'émerveillement, alors qu'elle cherchait la source de la voix mystérieuse. "Qui... qui me parle ?" chuchota-t-elle, sa voix tremblant d'admiration.

"Je suis le gardien de ce lieu sacré, le gardien de ses secrets," répondit la voix, son ton doux mais imprégné d'une sagesse surnaturelle. "Je t'ai surveillée depuis le jour de ta naissance, te guidant sur le chemin de la destinée."

Marie ressentit une vague d'émotion monter en elle, un mélange de peur et de révérence qui menaçait d'overwhelm son cœur fragile. "Que... que veux-tu de moi ?" demanda-t-elle, sa voix à peine au-dessus d'un chuchotement.

"Je suis venu t'offrir un choix, Marie," répondit la voix, ses mots résonnant dans le silence de la cathédrale comme le tintement d'une cloche funèbre. "Un choix qui déterminera le cours de ta destinée, le chemin que tu emprunteras dans cette vie et dans la suivante."

Marie écouta attentivement, son cœur battant dans sa poitrine comme le battement d'un tambour. Elle savait qu'elle se tenait à un carrefour, son avenir suspendu comme un fil fragile.

"Tu as connu la douleur et la souffrance, Marie," continua la voix, ses mots l'enveloppant comme une étreinte réconfortante. "Mais tu n'es pas seule dans ton combat. Il y a des forces en jeu au-delà de ta compréhension, des pouvoirs qui cherchent à te guider vers ta véritable destinée."

Marie sentit une lueur d'espoir s'éveiller en elle, une lueur de lumière au milieu des ténèbres qui avaient enveloppé son âme. "Que... que dois-je faire ?" demanda-t-elle, sa voix tremblant d'anticipation.

"Tu dois voyager jusqu'au bord du monde, Marie," répondit la voix, ses mots résonnant en elle comme le tintement d'une cloche funèbre. "Tu dois chercher la source de ta tristesse, la racine de ta douleur, et la confronter avec courage et conviction."

Marie hocha la tête, sa détermination se durcissant comme de l'acier en elle. Elle savait que le chemin à venir serait plein de dangers, que la route de la rédemption serait longue et ardue. Mais elle savait aussi qu'elle ne pouvait plus supporter le poids de son passé, le poids de ses regrets la tirant vers le bas dans les abysses du désespoir.

Avec une prière finale sur ses lèvres, Marie se leva de ses genoux et sortit dans l'air frais de la nuit, son cœur rempli d'un sentiment de but qu'elle n'avait pas ressenti depuis des années. Elle savait que son voyage ne faisait que commencer, que la route à venir serait pleine de détours, d'épreuves et de tribulations.

Mais elle savait aussi qu'elle n'était pas seule, que le gardien de la cathédrale veillait sur elle de loin, guidant ses pas et éclairant son chemin. Et alors qu'elle se lançait dans l'inconnu, Marie ressentit un sentiment de paix l'envahir, un sentiment d'appartenance qu'elle n'avait pas ressenti depuis une vie.

Car elle savait que peu importe les épreuves à venir, elle les affronterait avec courage et détermination, son esprit aussi inflexible que les montagnes qui se dressaient au loin, sa foi aussi inébranlable que les étoiles qui brillaient sur elle depuis les cieux.

Echoes of Eternity

In the heart of France, where the gentle hills roll like waves upon a vast, golden sea, there existed a village forgotten by time. Its name was Saint-Étienne-du-Mont, and it lay nestled amidst fields of lavender and sunflowers, its ancient stone houses whispering secrets of centuries past.

At the center of the village stood a grand cathedral, its spires reaching towards the heavens like fingers grasping for the divine. Within its hallowed halls, the echoes of prayers long since uttered reverberated through the air, mingling with the scent of incense and the flickering light of candles.

It was here, within the shadow of the cathedral's walls, that a young woman named Marie found herself drawn one crisp autumn evening. She was a solitary figure, her footsteps echoing in the silence of the deserted streets, her heart heavy with the weight of loneliness.

Marie had known loss and sorrow, her life touched by tragedy in ways that she could scarcely bear to remember. She sought solace within the cathedral's embrace, seeking answers to questions that haunted her restless mind.

As she entered the dimly lit nave, Marie was struck by the sense of awe that washed over her like a tidal wave. The stained glass windows bathed the interior in a kaleidoscope of colors, casting ethereal patterns upon the cold stone floor.

She knelt before the altar, her hands clasped in prayer, her lips moving silently as she poured out her heart to the unseen forces that dwelled within the sacred space. She prayed for guidance, for redemption, for a glimmer of hope amidst the darkness that threatened to consume her soul.

And in that moment of despair, Marie heard a voice—a voice as soft as a whisper yet as powerful as a thunderclap. It seemed to emanate from the very depths of her being, resonating within her like the tolling of a distant bell.

"Child of sorrow, why do you weep?" the voice asked, its words echoing through the cavernous space of the cathedral.

Marie looked up, her eyes wide with wonder, as she searched for the source of the mysterious voice. "Who... who speaks to me?" she whispered, her voice trembling with awe.

"I am the guardian of this sacred place, the keeper of its secrets," the voice replied, its tone gentle yet imbued with an otherworldly wisdom. "I have watched over you since the day you were born, guiding you along the path of destiny."

Marie felt a surge of emotion welling up within her, a mixture of fear and reverence that threatened to overwhelm her fragile heart. "What... what do you want from me?" she asked, her voice barely above a whisper.

"I have come to offer you a choice, Marie," the voice answered, its words echoing in the stillness of the cathedral like the tolling of a funeral bell. "A choice that will determine the course of your destiny, the path that you will tread in this life and the next."

Marie listened intently, her heart pounding in her chest like the beat of a drum. She knew that she stood at a crossroads, her future hanging in the balance like a fragile thread.

"You have known pain and suffering, Marie," the voice continued, its words wrapping around her like a comforting embrace. "But you are not alone in your struggle. There are forces at work beyond your understanding, powers that seek to guide you towards your true purpose."

Marie felt a glimmer of hope stirring within her, a flicker of light amidst the darkness that had enveloped her soul. "What... what must I do?" she asked, her voice trembling with anticipation.

"You must journey to the edge of the world, Marie," the voice replied, its words resounding within her like the tolling of a funeral bell. "You must seek out the source of your sorrow, the root of your pain, and confront it with courage and conviction."

Marie nodded, her resolve hardening like steel within her breast. She knew that the path ahead would be fraught with peril, that the road to redemption would be long and arduous. But she also knew that she could no longer bear the burden of her past, the weight of her regrets dragging her down into the depths of despair.

With a final prayer upon her lips, Marie rose from her knees and stepped out into the cool night air, her heart filled with a sense of purpose that she had not felt in years. She knew that her journey had only just begun, that the road ahead would be filled with twists and turns, trials and tribulations.

But she also knew that she was not alone, that the guardian of the cathedral watched over her from afar, guiding her steps and lighting her way. And as she set out into the unknown, Marie felt a sense of peace wash over her, a feeling of belonging that she had not felt in a lifetime.

For she knew that no matter what trials lay ahead, she would face them with courage and determination, her spirit as unyielding as the mountains that rose in the distance, her faith as unwavering as the stars that shone down upon her from the heavens above.

La Ville Lumière

Au cœur de la France, là où la ville de Paris s'étendait comme un labyrinthe de secrets et d'ombres, existait un monde caché aux yeux des mortels - un monde de ténèbres et de désirs, où les créatures de la nuit erraient à la recherche de nourriture et de salut.

C'est dans ce monde qu'Élise se retrouva attirée une nuit fatidique, ses pas s'accélérant alors qu'elle s'aventurait plus profondément dans le dédale des rues étroites et des ruelles sinueuses. Elle était une créature de la nuit, une vampire née de lignées ancestrales et de désirs immortels, sa soif de vie et d'amour aussi insatiable que le ciel nocturne au-dessus d'elle.

Élise avait connu de nombreuses vies, ses souvenirs un tapis de moments tissés ensemble comme des fils de soie. Elle avait marché sur la terre pendant des siècles, son existence témoignage du pouvoir durable des morts-vivants, son cœur aussi froid et impitoyable que les statues de pierre qui ornaient les grands boulevards de la ville.

Mais sous son extérieur glacial se cachait une âme tourmentée par la solitude, un désir de connexion qui brûlait comme un feu en elle. Elle cherchait du réconfort dans les ombres, recherchant ceux qui osaient fouler là où les mortels craignaient de s'aventurer.

Et c'est une nuit comme celle-ci qu'Élise se retrouva attirée par un petit café niché au cœur de Montmartre, ses portes ouvertes à la nuit comme un phare dans l'obscurité. L'air était lourd du parfum du café et de la cigarette, le son du jazz flottant à travers les fenêtres ouvertes comme une mélodie envoûtante.

Alors qu'Élise entrait, les regards des clients se tournaient vers elle, leurs regards s'attardant sur sa peau de porcelaine et ses cheveux noirs comme l'ébène. Elle se déplaçait avec une grâce qui semblait défier les lois de la physique, sa présence attirant l'attention comme une reine tenant audience.

Au fond de la salle, Élise repéra une silhouette assise seule à une table, son visage caché dans les ombres projetées par la faible lumière des lanternes. Quelque chose en lui l'attirait, un sentiment de familiarité qui tirait aux bords de sa conscience.

Avec une grâce silencieuse, Élise se dirigea vers la table, ses yeux ne quittant jamais la mystérieuse figure assise devant elle. En s'approchant, elle vit qu'il s'agissait d'un homme, ses traits beaux mais marqués par le poids des siècles.

"Bonjour, monsieur," salua Élise, sa voix comme le souffle de la soie contre la peau. "Puis-je me joindre à vous?"

L'homme leva les yeux, son regard croisant celui d'Élise avec un mélange de surprise et de curiosité. "Bien sûr," répondit-il, sa voix aussi douce que le miel. "S'il vous plaît, asseyez-vous."

Élise s'assit en face de l'homme, ses sens picotant d'anticipation. Il y avait quelque chose en lui qui l'intriguait, quelque chose qui éveillait des souvenirs longtemps enfouis sous la surface de sa conscience.

Ils parlèrent pendant des heures, leur conversation coulant comme le vin alors qu'ils échangeaient des histoires de leur passé et de leurs rêves pour l'avenir. L'homme se révéla être un vampire comme Élise, son nom perdu dans les annales du temps, son existence témoignage du pouvoir durable des morts-vivants.

Alors que la nuit avançait, Élise se sentit attirée par l'homme d'une manière qu'elle n'aurait jamais cru possible. Elle sentit une connexion se former entre eux, un lien qui transcendait les frontières du temps et de l'espace, de la vie et de la mort.

Mais alors que les premières lueurs de l'aube commençaient à poindre à l'horizon, Élise savait que leur temps ensemble touchait à sa fin. Elle se leva de sa chaise, son cœur lourd de regret, alors qu'elle se préparait à quitter le café et à retourner dans les ombres d'où elle venait.

"Attendez," l'homme appela, sa voix emplie de désespoir. "Ne partez pas."

Élise se retourna pour lui faire face, ses yeux brillant de larmes non versées. "Je dois," chuchota-t-elle, sa voix à peine audible. "Il n'est pas sûr pour moi de rester ici."

L'homme tendit la main et prit la main d'Élise dans la sienne, son toucher lui envoyant des frissons dans le dos. "Alors emmène-moi avec toi," supplia-t-il, ses yeux la suppliant de rester.

Élise hésita, son cœur déchiré entre le devoir et le désir. Elle savait que prendre l'homme avec elle serait le condamner à une vie d'obscurité et de désespoir, lui voler le soleil et les étoiles qui illuminaient le monde mortel.

Mais elle savait aussi que le laisser derrière elle serait se nier elle-même la chance du bonheur, se condamner à une éternité de solitude et de tristesse.

Le cœur lourd, Élise prit sa décision. Elle se pencha et pressa ses lèvres contre celles de l'homme, scellant leur destin avec un baiser qui parlait volumes de l'amour qui brûlait dans leurs âmes.

Et alors qu'ils disparaissaient dans la nuit, leurs mains entrelacées comme des vignes dans un jardin oublié, Élise savait que leur voyage ne faisait que commencer, un voyage rempli de danger et de désir, d'ombres et de lumière, dans la ville de Paris, où les secrets se cachaient à chaque coin de rue.

The City of Light

In the heart of France, where the city of Paris sprawled like a labyrinth of secrets and shadows, there existed a world hidden from the eyes of mortals—a world of darkness and desire, where creatures of the night roamed in search of sustenance and salvation.

It was within this world that Élise found herself drawn one fateful night, her steps quickening as she ventured deeper into the maze of narrow streets and winding alleyways. She was a creature of the night, a vampire born of ancient bloodlines and immortal desires, her hunger for life and love as insatiable as the night sky above.

Élise had known many lifetimes, her memories a tapestry of moments woven together like threads of silk. She had walked the earth for centuries, her existence a testament to the enduring power of the undead, her heart as cold and unforgiving as the stone statues that adorned the city's grand boulevards.

But beneath her icy exterior lay a soul tormented by loneliness, a longing for connection that burned like a fire within her breast. She sought solace within the shadows, seeking out those who would dare to tread where mortals feared to roam.

And it was on one such night that Élise found herself drawn to a small café tucked away in the heart of Montmartre, its doors thrown open to the night like a beacon in the darkness. The air was thick with the scent of coffee and cigarettes, the sound of jazz drifting through the open windows like a haunting melody.

As Élise stepped inside, the eyes of the patrons turned towards her, their gazes lingering on her porcelain skin and raven-black hair. She moved with a grace that seemed to defy the laws of physics, her presence commanding attention like a queen holding court.

At the far end of the room, Élise spotted a figure sitting alone at a table, his face hidden in the shadows cast by the dim light of the lanterns. Something about him drew her in, a sense of familiarity that tugged at the edges of her consciousness.

With a silent grace, Élise made her way towards the table, her eyes never leaving the mysterious figure sitting before her. As she drew closer, she saw that he was a man, his features handsome yet marred by the weight of centuries.

"Bonjour, monsieur," Élise greeted, her voice like the whisper of silk against the skin. "May I join you?"

The man looked up, his eyes meeting Élise's with a mixture of surprise and curiosity. "Of course," he replied, his voice as smooth as honey. "Please, take a seat."

Élise sat down opposite the man, her senses tingling with anticipation. There was something about him that intrigued her, something that stirred memories long buried beneath the surface of her consciousness.

They spoke for hours, their conversation flowing like wine as they exchanged stories of their pasts and dreams for the future. The man revealed himself to be a vampire like Élise, his name lost to the annals of time, his existence a testament to the enduring power of the undead.

As the night wore on, Élise found herself drawn to the man in ways she had never thought possible. She felt a connection forming between them, a bond that transcended the boundaries of time and space, of life and death.

But as the first light of dawn began to creep over the horizon, Élise knew that their time together was drawing to an end. She rose from her seat, her heart heavy with regret, as she prepared to leave the café and return to the shadows from whence she came.

"Wait," the man called out, his voice filled with desperation. "Don't go."

Élise turned to face him, her eyes shining with unshed tears. "I must," she whispered, her voice barely above a whisper. "It is not safe for me to remain here."

The man reached out and took Élise's hand in his own, his touch sending shivers down her spine. "Then take me with you," he pleaded, his eyes pleading with her to stay.

Élise hesitated, her heart torn between duty and desire. She knew that to take the man with her would be to condemn him to a life of darkness and despair, to rob him of the sunlight and the stars that illuminated the mortal world.

But she also knew that to leave him behind would be to deny herself the chance at happiness, to consign herself to an eternity of solitude and sorrow.

With a heavy heart, Élise made her decision. She leaned in and pressed her lips to the man's, sealing their fate with a kiss that spoke volumes of the love that burned within their souls.

And as they disappeared into the night, their hands entwined like vines in a forgotten garden, Élise knew that their journey was only just beginning, a journey filled with danger and desire, shadows and light, in the city of Paris, where secrets lurked in every corner.

Ombres Sur Paris

La Ville Lumière, Paris, connue pour sa beauté, sa culture et son histoire, abritait des secrets bien plus profonds que ne le laissait supposer sa façade pittoresque. Sous la surface de ses rues animées et de ses élégants boulevards se cachait un monde d'intrigues, d'espionnage et de danger.

Au cœur de cette métropole, niché parmi les monuments emblématiques et les ruelles cachées, vivait un homme nommé Jean-Pierre Moreau. Ancien agent de renseignement, Jean-Pierre avait pris sa retraite du service actif il y a des années, cherchant le réconfort dans l'anonymat tranquille de la vie civile. Pourtant, son passé continuait à le hanter comme un spectre tapi dans l'ombre.

Un matin d'automne vif, Jean-Pierre reçut un message cryptique, délivré par un ancien collègue de ses jours de service. Le message parlait d'une menace pour la sécurité nationale, d'un danger tapissant au cœur même de Paris. Avec un sentiment de devoir qui l'animait, Jean-Pierre savait qu'il ne pouvait pas ignorer l'appel à l'action.

Rassemblant son intelligence et ses instincts affûtés par des années de service, Jean-Pierre se lança dans un voyage à travers les rues labyrinthiques de Paris, déterminé à découvrir la vérité derrière le message cryptique.

Son enquête le mena au ventre sale de la ville, où des syndicats du crime et des organisations clandestines opéraient dans l'ombre, leurs activités cachées aux yeux indiscrets des forces de l'ordre.

À chaque pas qu'il franchissait, Jean-Pierre découvrait des indices pointant vers une conspiration d'une ampleur sans précédent - un complot visant à déstabiliser les fondations mêmes du gouvernement français, orchestré par un groupe occulte doté d'une influence et d'un pouvoir considérables.

Mais plus Jean-Pierre plongeait dans le mystère, plus sa quête devenait dangereuse. Il se retrouva poursuivi par des agents déterminés à le faire taire, leurs pas résonnant dans l'obscurité alors qu'ils se rapprochaient de leur proie.

Alimenté par un sentiment d'indignation juste et le désir de protéger sa patrie, Jean-Pierre continua, sa détermination inébranlable face à l'adversité. Il sollicita l'aide d'anciens alliés et de nouveaux amis, formant une alliance improbable pour combattre la menace qui planait sur Paris comme une tempête à l'horizon.

Ensemble, ils dénouèrent le réseau complexe de tromperie qui avait pris la ville en otage, suivant la piste de miettes de pain laissées par ceux qui cherchaient à semer le chaos et la discorde.

Alors que les dernières pièces du puzzle se mettaient en place, Jean-Pierre et ses alliés se retrouvèrent face à face avec le cerveau derrière la conspiration - une figure sombre connue uniquement sous le nom de Le Corbeau.

Lors d'une confrontation audacieuse au sommet de la tour Eiffel, Jean-Pierre affronta Le Corbeau, son cœur battant d'adrénaline alors qu'il fixait les yeux de son adversaire.

Mais Le Corbeau n'était pas seul. Il était soutenu par un groupe de fidèles disciples, leur allégeance inébranlable face à la défaite imminente.

Une bataille féroce s'ensuivit, le choc de l'acier résonnant à travers le ciel parisien alors que Jean-Pierre et ses alliés se battaient vaillamment contre des chances écrasantes.

À la fin, c'est la ruse et la détermination de Jean-Pierre qui l'emportèrent. Avec un coup décisif final, il vainquit Le Corbeau et ses adeptes, contrecarrant leurs plans néfastes et restaurant la paix dans les rues de Paris.

Alors que le soleil se levait sur la ville, projetant sa lumière dorée sur les monuments emblématiques qui parsemaient l'horizon, Jean-Pierre se tenait au sommet de la tour Eiffel, un sentiment de satisfaction l'envahissant comme une vague s'écrasant contre le rivage.

Bien que les ombres du danger et de la tromperie planaient toujours dans les recoins de son esprit, Jean-Pierre savait qu'il avait triomphé des forces de l'obscurité, émergeant vainqueur face à l'adversité.

Et tandis qu'il contemplait la ville qu'il avait juré de protéger, Jean-Pierre savait que son travail était loin d'être terminé. Car dans un monde aussi traître que celui qu'il habitait, la bataille entre le bien et le mal continuerait de faire rage, façonnant à jamais le destin des nations et de l'humanité.

Shadows Over Paris

The City of Light, Paris, known for its beauty, culture, and history, harbored secrets far deeper than its picturesque façade suggested. Beneath the surface of its bustling streets and elegant boulevards lay a world of intrigue, espionage, and danger.

In the heart of this metropolis, nestled amidst the iconic landmarks and hidden alleys, lived a man named Jean-Pierre Moreau. A former intelligence officer, Jean-Pierre had retired from active service years ago, seeking solace in the quiet anonymity of civilian life. Yet, his past continued to haunt him like a specter lurking in the shadows.

One crisp autumn morning, Jean-Pierre received a cryptic message, delivered by an old colleague from his days in the service. The message spoke of a threat to national security, a danger lurking within the heart of Paris itself. With a sense of duty stirring within him, Jean-Pierre knew that he could not ignore the call to action.

Gathering his wits and instincts honed through years of service, Jean-Pierre embarked on a journey through the labyrinthine streets of Paris, determined to uncover the truth behind the cryptic message.

His investigation led him to the seedy underbelly of the city, where crime syndicates and clandestine organizations operated in the shadows, their activities hidden from the prying eyes of law enforcement.

With each step he took, Jean-Pierre uncovered clues that pointed to a conspiracy of unprecedented proportions—a plot to destabilize the very foundations of the French government, orchestrated by a shadowy cabal with far-reaching influence and power.

But the deeper Jean-Pierre delved into the mystery, the more dangerous his quest became. He found himself pursued by operatives determined to silence him, their footsteps echoing in the darkness as they closed in on their prey.

Fueled by a sense of righteous indignation and a desire to protect his homeland, Jean-Pierre pressed on, his resolve unwavering in the face of adversity. He enlisted the help of old allies and newfound friends, forming an unlikely alliance to combat the threat looming over Paris like a storm on the horizon.

Together, they unraveled the intricate web of deception that had ensnared the city, following the trail of breadcrumbs left behind by those who sought to sow chaos and discord.

As the final pieces of the puzzle fell into place, Jean-Pierre and his allies found themselves face to face with the mastermind behind the conspiracy—a shadowy figure known only as Le Corbeau, the Raven.

In a daring confrontation atop the Eiffel Tower, Jean-Pierre confronted Le Corbeau, his heart pounding with adrenaline as he stared into the eyes of his adversary.

But Le Corbeau was not alone. He was backed by a cadre of loyal followers, their allegiance unwavering in the face of impending defeat.

A fierce battle ensued, the clash of steel against steel echoing across the Parisian skyline as Jean-Pierre and his allies fought valiantly against overwhelming odds.

In the end, it was Jean-Pierre's cunning and determination that emerged victorious. With a final, decisive blow, he vanquished Le Corbeau and his followers, thwarting their nefarious plans and restoring peace to the streets of Paris.

As the sun rose over the city, casting its golden light upon the iconic landmarks that dotted the skyline, Jean-Pierre stood atop the Eiffel Tower, a sense of satisfaction washing over him like a wave crashing against the shore.

Though the shadows of danger and deception still lingered in the corners of his mind, Jean-Pierre knew that he had prevailed against the forces of darkness, emerging triumphant in the face of adversity.

And as he looked out over the city he had sworn to protect, Jean-Pierre knew that his work was far from over. For in a world as treacherous as the one he inhabited, the battle between good and evil would continue to rage on, forever shaping the fate of nations and the destiny of mankind.

43

Les Aventures de Jacques et Sophie

Il était une fois, dans un village pittoresque niché dans la campagne française, vivaient deux meilleurs amis nommés Jacques et Sophie. Ils étaient des compagnons inséparables, toujours à l'origine de mauvais coups et se lançant dans des aventures folles ensemble.

Jacques était un garçon grand et maigre avec un éclat espiègle dans les yeux, tandis que Sophie était une fille petite avec un esprit fougueux et un cœur d'or. Ensemble, ils formaient l'équipe parfaite, leur amitié aussi solide que les chênes ancestraux qui bordaient la place du village.

Un matin ensoleillé, Jacques et Sophie partirent pour leur dernière aventure - une quête pour découvrir les secrets d'un mystérieux château prétendument caché au cœur de la forêt voisine.

Armés de rien d'autre que de leur intelligence et d'une carte dessinée au dos d'une vieille serviette en papier, ils se lancèrent dans le sous-bois dense, leur rire résonnant à travers les arbres comme le gazouillis des oiseaux.

Alors qu'ils s'enfonçaient plus profondément dans la forêt, Jacques et Sophie rencontrèrent toutes sortes d'obstacles - un ruisseau babillant à traverser, un buisson de ronces à naviguer, et même une famille d'écureuils qui les prirent pour des intrus et les bombardèrent de glands. Mais rien ne pouvait entamer leur moral, car ils étaient en mission et rien ne pouvait se mettre en travers de leur chemin.

Enfin, après des heures à errer dans la forêt, Jacques et Sophie tombèrent sur le château qu'ils cherchaient. Il se dressait devant eux comme une forteresse d'un conte de fées, ses tourelles s'élevant vers le ciel comme les doigts d'un géant.

Excités, ils se frayèrent un chemin à l'intérieur, leurs pas résonnant dans les couloirs vides alors qu'ils exploraient tous les recoins de l'ancien château. Ils découvrirent des passages secrets et des chambres cachées, leur imagination s'emballant avec des pensées de trésors et d'aventures.

Mais alors qu'ils s'enfonçaient plus profondément dans les profondeurs du château, Jacques et Sophie tombèrent sur quelque chose d'inattendu - une figure fantomatique flottant dans les airs, sa forme translucide scintillant dans la lumière tamisée.

D'abord, ils furent terrifiés, leur cœur battant dans leur poitrine alors qu'ils regardaient l'apparition fantomatique glisser silencieusement devant eux. Mais ensuite, à leur grande surprise, le fantôme se retourna et leur parla d'une voix douce comme un murmure.

"Ne craignez rien, braves aventuriers", dit le fantôme, sa voix résonnant dans les couloirs comme le tintement d'une cloche lointaine. "Je ne suis qu'un esprit amical, lié à ce château pour l'éternité. Je ne vous veux aucun mal."

Jacques et Sophie échangèrent des regards nerveux, incertains de croire les paroles du fantôme. Mais il y avait quelque chose dans le ton doux de sa voix qui les rassura, et ils se sentirent attirés vers la figure spectrale comme des papillons vers une flamme.

En parlant avec le fantôme, ils apprirent l'histoire tragique du château - un récit d'amour et de perte, de trahison et de rédemption. Ils écoutèrent attentivement alors que le fantôme racontait l'histoire de sa vie, ses mots peignant une image vivante d'une époque révolue.

Émus par la détresse du fantôme, Jacques et Sophie jurèrent de l'aider à trouver la paix, promettant de découvrir la vérité derrière sa mort prématurée et de libérer son esprit.

Ensemble, ils entreprirent une quête pour dévoiler les mystères du passé du château, scrutant des manuscrits anciens et des livres poussiéreux à la recherche d'indices qui les mèneraient vers la vérité.

En chemin, ils rencontrèrent toutes sortes d'obstacles - un labyrinthe traître, un dragon rusé, et même une bande de fées espiègles qui se délectaient de les égarer.

Mais Jacques et Sophie ne se laissèrent pas décourager, leur détermination restant inébranlable alors qu'ils avançaient vers leur objectif. Et à la fin, leurs efforts furent récompensés, car ils découvrirent la vérité derrière le destin tragique du fantôme.

Les larmes aux yeux, Jacques et Sophie dirent au revoir au fantôme, leur cœur lourd de chagrin mais rempli d'un sentiment d'accomplissement sachant qu'ils l'avaient aidé à trouver la paix.

Alors qu'ils sortaient du château et retournaient à la lumière du jour, Jacques et Sophie réfléchirent à leur aventure, leur lien plus fort que jamais.

Et alors qu'ils marchaient main dans la main vers le village, ils savaient que peu importe les épreuves à venir, ils les affronteraient ensemble, car ils étaient plus que de simples amis - ils étaient des aventuriers.

The Adventures of Jacques and Sophie

Once upon a time, in a quaint village nestled in the French countryside, lived two best friends named Jacques and Sophie. They were inseparable companions, always getting into mischief and embarking on wild adventures together.

Jacques was a tall, lanky boy with a mischievous twinkle in his eye, while Sophie was a petite girl with a fiery spirit and a heart of gold. Together, they made the perfect team, their friendship as strong as the ancient oaks that lined the village square.

One sunny morning, Jacques and Sophie set out on their latest adventure—a quest to uncover the secrets of a mysterious castle rumored to be hidden deep within the nearby forest.

Armed with nothing but their wits and a map drawn on the back of an old napkin, they plunged into the dense undergrowth, their laughter echoing through the trees like the chirping of birds.

As they wandered deeper into the forest, Jacques and Sophie encountered all manner of obstacles—a babbling brook to ford, a thicket of brambles to navigate, and even a family of squirrels who mistook them for intruders and pelted them with acorns.

But nothing could dampen their spirits, for they were on a mission, and nothing could stand in their way.

Finally, after hours of wandering through the forest, Jacques and Sophie stumbled upon the castle they had been seeking. It loomed before them like a fortress from a fairy tale, its turrets reaching towards the sky like the fingers of a giant.

Excitedly, they made their way inside, their footsteps echoing in the empty halls as they explored every nook and cranny of the ancient castle. They discovered hidden passageways and secret chambers, their imaginations running wild with thoughts of treasure and adventure.

But as they delved deeper into the castle's depths, Jacques and Sophie stumbled upon something unexpected—a ghostly figure floating through the air, its translucent form shimmering in the dim light.

At first, they were terrified, their hearts pounding in their chests as they watched the ghostly apparition glide silently past. But then, to their surprise, the ghost turned and spoke to them in a voice as soft as a whisper.

"Fear not, brave adventurers," the ghost said, its voice echoing through the halls like the tolling of a distant bell. "I am but a friendly spirit, bound to this castle for all eternity. I mean you no harm."

Jacques and Sophie exchanged nervous glances, unsure of whether to believe the ghost's words. But there was something about the gentle tone of its voice that put them at ease, and they found themselves drawn to the spectral figure like moths to a flame.

As they spoke with the ghost, they learned of the castle's tragic history—a tale of love and loss, betrayal and redemption. They listened intently as the ghost recounted the story of its life, its words painting a vivid picture of a bygone era.

Moved by the ghost's plight, Jacques and Sophie vowed to help it find peace, promising to uncover the truth behind its untimely demise and set its spirit free.

Together, they embarked on a quest to unravel the mysteries of the castle's past, scouring ancient manuscripts and dusty tomes for clues that would lead them to the truth.

Along the way, they encountered all manner of obstacles—a treacherous maze, a cunning dragon, and even a band of mischievous fairies who delighted in leading them astray.

But Jacques and Sophie were undeterred, their determination unwavering as they pressed on towards their goal. And in the end, their efforts were rewarded, as they uncovered the truth behind the ghost's tragic fate.

With tears in their eyes, Jacques and Sophie bid farewell to the ghost, their hearts heavy with sorrow yet filled with a sense of fulfillment knowing that they had helped it find peace.

As they made their way out of the castle and back into the sunlight, Jacques and Sophie reflected on their adventure, their bond stronger than ever before.

And as they walked hand in hand back to the village, they knew that no matter what trials lay ahead, they would face them together, for they were more than just friends—they were adventurers.

Le Jardin Secret de Normandie

Dans la campagne pittoresque de Normandie, où les collines verdoyantes rencontraient la mer azur, se trouvait un village pittoresque nommé Sainte-Marie. C'était un lieu de plaisirs simples et de gens chaleureux, où le temps semblait s'écouler à un rythme paisible et où le parfum du pain fraîchement cuit flottait dans l'air comme une douce mélodie.

Au cœur du village se dressait un charmant cottage, entouré d'un jardin luxuriant débordant de fleurs colorées et d'herbes parfumées. C'était là qu'une jeune fille nommée Amélie vivait avec sa grand-mère, Madame Dupont, une femme sage et douce avec une lueur dans les yeux et un secret bien caché dans son cœur.

Amélie était une enfant curieuse, aimant l'aventure et dotée d'un sens aigu de l'émerveillement. Elle passait ses journées à explorer la campagne, ses pieds nus sautillant à travers les champs de fleurs sauvages et son rire résonnant dans la brise.

Mais au milieu de la beauté de la Normandie, il y avait une tristesse qui planait dans l'air - un désir pour quelque chose de perdu, un regret pour quelque chose d'oublié. Et c'est ce sentiment de mélancolie qui conduisit Amélie dans un voyage pour découvrir les mystères du passé de sa grand-mère.

Un après-midi ensoleillé, en explorant le sentier envahi à la lisière de leur jardin, Amélie découvrit une porte cachée nichée au milieu d'une touffe de roses. Intriguée par la vue, elle se fraya un chemin à travers les vignes emmêlées et entra dans un coin oublié du jardin - un endroit d'une beauté sauvage et de souvenirs fanés.

Alors qu'elle errait à travers les sentiers envahis et les murs de pierre en ruine, Amélie ressentit une vague de nostalgie l'envahir comme une vague s'écrasant contre le rivage. Elle sentait que ce n'était pas un jardin ordinaire, mais un lieu rempli d'histoires attendant d'être racontées, de secrets attendant d'être découverts.

Avec un sentiment de détermination brûlant en elle, Amélie entreprit de dévoiler le mystère du jardin caché, rassemblant des indices dispersés comme des miettes de pain parmi la végétation luxuriante.

À chaque découverte, elle découvrit un morceau du passé de sa grand-mère - un récit d'amour et de perte, de joie et de tristesse. Elle apprit la jeunesse de Madame Dupont, ses rêves d'aventure et ses espoirs pour l'avenir, et la douleur qui l'avait amenée à enterrer ses souvenirs sous des couches de temps et de négligence.

Mais au milieu de la douleur et du chagrin, il y avait aussi de la beauté et de la rédemption. Car à mesure qu'Amélie plongeait plus profondément dans les secrets du jardin, elle découvrait un trésor caché - un morceau de terre grouillant de vie, où des graines oubliées avaient pris racine et prospéré dans l'obscurité.

Inspirée par la résilience des plantes et le pouvoir durable de la nature, Amélie entreprit de restaurer le jardin dans sa gloire passée, prenant soin des fleurs négligées et les ramenant à la vie avec des mains douces et un amour attentionné.

À chaque jour qui passait, le jardin fleurissait à nouveau, ses couleurs vibrantes et ses parfums enivrants remplissant l'air d'un sentiment d'espoir et de renouveau. Et tandis que le jardin s'épanouissait, le lien entre Amélie et sa grand-mère se renforçait également, leur amour partagé pour la terre et ses secrets les rapprochant à chaque instant.

Ensemble, elles entretenaient le jardin avec soin et dévotion, leur rire se mêlant au bruissement des feuilles et au chant des oiseaux dans les arbres. Et alors qu'elles travaillaient côte à côte, elles découvrirent la véritable magie du jardin - non pas dans ses trésors cachés ou ses secrets oubliés, mais dans le simple fait de nourrir la vie et de trouver la joie au milieu de la beauté du monde qui les entourait.

Alors que le soleil plongeait sous l'horizon et que les étoiles commençaient à scintiller dans le ciel, Amélie et sa grand-mère se retrouvèrent ensemble dans le jardin, leurs mains jointes dans une compagnie silencieuse. Et alors qu'elles regardaient la lune se lever au-dessus des champs de Normandie, elles savaient que peu importe les épreuves à venir, elles les affronteraient ensemble, leur lien aussi fort que les racines qui les ancrent à la terre, leur amour aussi durable que la beauté intemporelle du jardin secret de Sainte-Marie.

The Secret Garden of Normandy

In the picturesque countryside of Normandy, where rolling hills met the azure sea, there lay a quaint village named Sainte-Marie. It was a place of simple pleasures and warm-hearted people, where time seemed to move at a leisurely pace, and the scent of freshly baked bread wafted through the air like a sweet melody.

At the heart of the village stood a charming cottage, surrounded by a lush garden bursting with colorful blooms and fragrant herbs. It was here that a young girl named Amélie lived with her grandmother, Madame Dupont, a wise and gentle woman with a twinkle in her eye and a secret tucked away in her heart.

Amélie was a curious child, with a love for adventure and a keen sense of wonder. She spent her days exploring the countryside, her bare feet skipping through fields of wildflowers and her laughter echoing in the breeze.

But amidst the beauty of Normandy, there was a sadness that lingered in the air—a longing for something lost, a yearning for something forgotten. And it was this sense of melancholy that led Amélie on a journey to uncover the mysteries of her grandmother's past.

One sunny afternoon, while exploring the overgrown path at the edge of their garden, Amélie stumbled upon a hidden gate nestled amidst a thicket of roses. Intrigued by the sight, she pushed her way through the tangled vines and stepped into a forgotten corner of the garden—a place of untamed beauty and faded memories.

As she wandered through the overgrown pathways and crumbling stone walls, Amélie felt a sense of nostalgia wash over her like a wave crashing against the shore. She sensed that this was no ordinary garden, but a place filled with stories waiting to be told, secrets waiting to be uncovered.

With a sense of determination burning within her, Amélie set out to unravel the mystery of the hidden garden, piecing together clues scattered like breadcrumbs amidst the tangled undergrowth.

With each discovery, she uncovered a piece of her grandmother's past—a tale of love and loss, of joy and sorrow. She learned of Madame Dupont's youth, her dreams of adventure and her hopes for the future, and the heartache that had led her to bury her memories beneath layers of time and neglect.

But amidst the pain and the sorrow, there was also beauty and redemption. For as Amélie delved deeper into the secrets of the garden, she uncovered a hidden treasure—a patch of earth teeming with life, where forgotten seeds had taken root and flourished in the darkness.

Inspired by the resilience of the plants and the enduring power of nature, Amélie set to work restoring the garden to its former glory, tending to the neglected flowers and coaxing them back to life with gentle hands and loving care.

With each passing day, the garden blossomed anew, its vibrant colors and heady scents filling the air with a sense of hope and renewal. And as the garden flourished, so too did the bond between Amélie and her grandmother, their shared love for the land and its secrets drawing them closer together with each passing moment.

Together, they tended to the garden with care and devotion, their laughter mingling with the rustle of leaves and the song of birds in the trees. And as they worked side by side, they uncovered the true magic of the garden—not in its hidden treasures or forgotten secrets, but in the simple act of nurturing life and finding joy amidst the beauty of the world around them.

As the sun dipped below the horizon and the stars began to twinkle in the sky, Amélie and her grandmother sat together in the garden, their hands clasped in quiet companionship. And as they watched the moon rise over the fields of Normandy, they knew that no matter what trials lay ahead, they would face them together, their bond as strong as the roots that anchored them to the earth, their love as enduring as the timeless beauty of the secret garden of Sainte-Marie.

Le Chuchotement de la Rivière

Dans le petit village de Saint-Étienne, niché le long des rives sinueuses de la Seine, vivait une jeune femme nommée Camille. Elle était une figure solitaire, ses journées passées à errer dans les ruelles étroites et les passages cachés, son cœur alourdi par le poids de secrets non révélés.

Camille avait grandi à l'ombre de la rivière, ses eaux coulant comme un ruban d'argent à travers le cœur du village. Elle avait passé d'innombrables heures assise au bord de ses rives, écoutant le murmure doux de l'eau alors qu'elle dansait sur les pierres lisses, ses pensées dérivant comme des feuilles à la surface.

Mais sous la façade calme de la rivière se cachait un courant de désir et de désir, un désir pour quelque chose au-delà des limites du village, quelque chose qui chuchotait à Camille dans les heures les plus sombres de la nuit.

Un soir, alors que le soleil plongeait sous l'horizon et que le village se plongeait dans la quiétude feutrée du crépuscule, Camille se retrouva une fois de plus attirée par la rivière. Elle se tint sur les rives, ses yeux fixés sur la surface scintillante, son cœur lourd d'un sentiment de désir qu'elle ne pouvait nommer.

Alors qu'elle contemplait les profondeurs de l'eau, Camille sentit une présence s'éveiller en elle - un souvenir, faible et lointain, comme un rêve à moitié rappelé au réveil. C'était un souvenir d'un autre temps, d'un autre lieu, le souvenir d'un amour perdu et d'une promesse non tenue.

Avec un soupir, Camille se détourna de la rivière et retourna au village, ses pensées consumées par les échos du passé. Elle savait qu'elle ne pouvait échapper à l'attraction de la rivière, ni aux secrets qui se cachaient sous sa surface.

Et ainsi, avec un sentiment de détermination brûlant en elle, Camille entreprit de démêler les mystères de la rivière, de découvrir la vérité enfouie dans ses profondeurs.

Son voyage la conduisit au vieux pêcheur qui avait passé sa vie sur les eaux de la Seine, son visage ridé par la sagesse des années passées. Il parla des récits transmis de génération en génération, d'amour et de perte, d'espoir et de désespoir.

Camille écouta attentivement alors que le pêcheur racontait l'histoire d'un jeune couple déchiré par la tragédie, leur amour lié par la rivière qui traversait le cœur du village. Il parla d'une promesse faite et d'un serment rompu, d'un amour qui transcendait le temps et l'espace, résonnant à travers les âges comme le chant de la rivière elle-même.

À chaque mot prononcé, Camille ressentait un sentiment de reconnaissance s'éveiller en elle - un lien avec l'histoire qui allait au-delà des simples mots, un sentiment de parenté avec les âmes qui l'avaient précédée.

Déterminée à découvrir la vérité, Camille plongea plus profondément dans les secrets de la rivière, suivant son cours sinueux à travers la campagne, traçant les échos du passé qui persistaient dans son sillage.

En chemin, elle rencontra toutes sortes d'obstacles - une tempête féroce qui menaçait de l'engloutir, un courant traître qui menaçait de l'entraîner sous la surface, et même les murmures de doute qui résonnaient dans son esprit.

Mais Camille continua, sa détermination inébranlable face à l'adversité. Elle savait qu'elle était sur le point de découvrir quelque chose de profond, quelque chose qui changerait sa vie à jamais.

Et puis, un soir fatidique, alors que la lune se levait haut dans le ciel et que les étoiles scintillaient comme des diamants au-dessus de sa tête, Camille découvrit une alcôve cachée nichée le long de la rive de la rivière - un endroit épargné par le temps, où les secrets du passé attendaient d'être découverts.

Avec des mains tremblantes, Camille tendit la main et toucha la surface de l'eau, sentant la caresse douce de la rivière contre sa peau. Et à cet instant, elle ressentit une décharge d'énergie parcourir ses veines, une connexion à quelque chose de plus grand qu'elle-même.

Alors qu'elle fermait les yeux et écoutait les chuchotements de la rivière, Camille ressentit un sentiment de paix l'envahir - un sentiment d'appartenance qu'elle n'avait jamais connu auparavant. Et à cet instant, elle sut qu'elle avait trouvé ce qu'elle avait cherché tout le long - la vérité cachée dans les profondeurs du chuchotement de la rivière.

The River's Whisper

In the small village of Saint-Étienne, nestled along the banks of the winding Seine, there lived a young woman named Camille. She was a solitary figure, her days spent wandering the narrow streets and hidden alleyways, her heart burdened by the weight of secrets untold.

Camille had grown up in the shadow of the river, its waters flowing like a ribbon of silver through the heart of the village. She had spent countless hours sitting by its banks, listening to the gentle murmur of the water as it danced over the smooth stones, her thoughts drifting like leaves upon its surface.

But beneath the calm facade of the river lay a current of longing and desire, a yearning for something beyond the confines of the village, something that whispered to Camille in the darkest hours of the night.

One evening, as the sun dipped below the horizon and the village settled into the hushed stillness of twilight, Camille found herself drawn to the river once more. She stood upon the banks, her eyes fixed on the shimmering surface, her heart heavy with a sense of longing that she could not name.

As she gazed into the depths of the water, Camille felt a presence stirring within her—a memory, faint and distant, like a dream half-remembered upon waking. It was a memory of another time, another place, a memory of a love lost and a promise unfulfilled.

With a sigh, Camille turned away from the river and made her way back to the village, her thoughts consumed by the echoes of the past. She knew that she could not escape the pull of the river, nor the secrets that lay hidden beneath its surface.

And so, with a sense of determination burning within her, Camille set out to unravel the mysteries of the river, to uncover the truth that lay buried within its depths.

Her journey led her to the old fisherman who had spent his life upon the waters of the Seine, his weathered face lined with the wisdom of years gone by. He spoke of tales passed down through generations, of love and loss, of hope and despair.

Camille listened intently as the fisherman recounted the story of a young couple torn apart by tragedy, their love bound by the river that flowed through the heart of the village. He spoke of a promise made and a vow broken, of a love that transcended time and space, echoing through the ages like the song of the river itself.

With each word spoken, Camille felt a sense of recognition stirring within her—a connection to the story that went beyond mere words, a feeling of kinship with the souls who had come before her.

Determined to uncover the truth, Camille delved deeper into the secrets of the river, following its winding path through the countryside, tracing the echoes of the past that lingered in its wake.

Along the way, she encountered all manner of obstacles—a fierce storm that threatened to engulf her, a treacherous current that threatened to drag her beneath the surface, and even the whispers of doubt that echoed in her own mind.

But Camille pressed on, her determination unwavering in the face of adversity. She knew that she was on the brink of discovering something profound, something that would change her life forever.

And then, one fateful evening, as the moon rose high in the sky and the stars twinkled like diamonds overhead, Camille stumbled upon a hidden alcove nestled along the riverbank—a place untouched by time, where the secrets of the past lay waiting to be uncovered.

With trembling hands, Camille reached out and touched the surface of the water, feeling the gentle caress of the river against her skin. And in that moment, she felt a surge of energy coursing through her veins, a connection to something greater than herself.

As she closed her eyes and listened to the whispers of the river, Camille felt a sense of peace wash over her—a feeling of belonging that she had never known before. And in that moment, she knew that she had found what she had been searching for all along—the truth hidden within the depths of the river's whisper.

Le Secret du Phare Breton

Dans le pittoresque village côtier de Kerlann, niché entre des falaises escarpées et des vagues déferlantes, se dressait un phare qui veillait sur la ville endormie comme un sentinelle silencieux. C'était une structure imposante, ses murs blancs étincelant au soleil, son feu guidant les navires en toute sécurité à travers les eaux traîtres de l'Atlantique.

Mais le phare cachait un secret - un secret qui avait été dissimulé depuis des générations, connu seulement d'une poignée de personnes osant s'aventurer dans ses profondeurs.

Par une soirée d'orage, alors que les vents hurlaient et que les vagues se fracassaient contre le rivage rocheux, un jeune garçon nommé Pierre se sentit attiré vers le phare comme un papillon vers une flamme. Il avait entendu des murmures sur ses secrets de la part des villageois, des récits de trésors enfouis sous ses fondations et de fantômes hantant ses couloirs. Avec un sentiment de curiosité brûlant en lui, Pierre se lança dans la tempête, son imperméable battant au vent tandis qu'il se dirigeait vers la structure imposante qui se dressait devant lui.

À mesure qu'il approchait du phare, Pierre ressentait une appréhension grandissante - un sentiment qu'il était sur le point de découvrir quelque chose qui aurait dû rester enfoui. Mais sa curiosité prit le dessus, et il continua son chemin, déterminé à découvrir la vérité cachée dans les murs du phare.

Avec une main tremblante, Pierre poussa la lourde porte en bois et entra, son cœur battant dans sa poitrine alors qu'il était accueilli par le silence inquiétant du corridor vide.

Alors qu'il se frayait un chemin à travers les passages labyrinthiques du phare, Pierre sentit un frisson lui parcourir l'échine - un sentiment qu'il n'était pas seul, qu'il y avait quelque chose qui rôdait dans l'ombre, observant chacun de ses mouvements.

Mais Pierre ne se laissa pas décourager, sa détermination restant inébranlable alors qu'il avançait, suivant la faible lueur de la lanterne qui l'attirait plus profondément dans le cœur du phare.

Et puis, soudain, il découvrit un escalier caché derrière une tapisserie accrochée au mur - un escalier qui descendait dans les profondeurs de la terre, dans un monde que peu avaient jamais vu.

Avec un sentiment d'excitation le traversant, Pierre descendit dans l'obscurité, ses pas résonnant dans le silence alors qu'il avançait plus profondément dans les entrailles du phare.

Et enfin, il le trouva - le secret qui avait été dissimulé depuis si longtemps, enfoui sous des couches de poussière et de toiles d'araignée, attendant d'être découvert.

C'était une pièce comme Pierre n'en avait jamais vue, remplie de trésors au-delà de ses rêves les plus fous - des pièces d'or étincelantes à la lueur des lampes, des bijoux scintillant comme des étoiles dans le ciel nocturne, et des artefacts d'une valeur inestimable éparpillés négligemment dans la pièce.

Mais parmi les richesses se trouvait quelque chose de bien plus précieux - un journal, ses pages jaunies par le temps, ses mots écrits d'une main que Pierre reconnut comme étant la sienne.

Les mains tremblantes, Pierre ouvrit le journal et commença à lire, ses yeux s'agrandissant d'incrédulité alors qu'il découvrait la vérité derrière le secret du phare.

C'était une histoire d'amour et de trahison, de pirates et de contrebandiers, d'un trésor caché depuis des siècles. Et au centre de tout cela se trouvait Pierre lui-même, destiné à découvrir la vérité et à récupérer ce qui lui revenait de droit.

Avec un sentiment de détermination en lui, Pierre jura de protéger le phare et ses secrets, de garder ses trésors à l'abri de ceux qui chercheraient à s'en emparer pour eux-mêmes.

Et alors qu'il émergeait des profondeurs du phare, la tempête faisant toujours rage dehors, Pierre savait qu'il avait découvert quelque chose de

bien plus précieux que l'or - un sens de l'aventure, un goût de l'excitation,
et un secret qui le lierait au phare pour le reste de ses jours.

The Secret of the Breton Lighthouse

In the quaint coastal village of Kerlann, nestled between rugged cliffs and crashing waves, there stood a lighthouse that watched over the sleepy town like a silent sentinel. It was a tall, imposing structure, its white walls gleaming in the sunlight, its beacon guiding ships safely home through the treacherous waters of the Atlantic.

But the lighthouse held a secret—a secret that had been hidden away for generations, known only to a select few who dared to venture into its depths.

One stormy evening, as the winds howled and the waves crashed against the rocky shore, a young boy named Pierre found himself drawn to the lighthouse like a moth to a flame. He had heard whispers of its secrets from the villagers, tales of treasure buried beneath its foundations and ghosts that haunted its halls.

With a sense of curiosity burning within him, Pierre set out into the storm, his raincoat flapping in the wind as he made his way towards the towering structure that loomed before him.

As he approached the lighthouse, Pierre felt a sense of trepidation creeping over him—a feeling that he was about to uncover something that was best left undisturbed. But his curiosity got the better of him, and he pressed on, determined to uncover the truth hidden within the lighthouse's walls.

With a trembling hand, Pierre pushed open the heavy wooden door and stepped inside, his heart pounding in his chest as he was greeted by the eerie silence of the empty corridor.

As he made his way through the labyrinthine passages of the lighthouse, Pierre felt a chill run down his spine—a feeling that he was not alone, that there was something lurking in the shadows, watching his every move.

But Pierre was undeterred, his determination unwavering as he pressed on, following the faint glow of the lantern that beckoned him deeper into the heart of the lighthouse.

And then, suddenly, he stumbled upon a hidden staircase concealed behind a tapestry that hung upon the wall—a staircase that led down into the depths of the earth, into a world that few had ever seen.

With a sense of excitement coursing through him, Pierre descended into the darkness, his footsteps echoing in the silence as he made his way deeper into the bowels of the lighthouse.

And then, at last, he found it—the secret that had been hidden away for so long, buried beneath layers of dust and cobwebs, waiting to be discovered.

It was a room unlike any Pierre had ever seen, filled with treasures beyond his wildest dreams—gold coins gleaming in the lamplight, jewels sparkling like stars in the night sky, and artifacts of untold value scattered haphazardly about the room.

But amidst the riches lay something far more precious—a journal, its pages yellowed with age, its words written in a hand that Pierre recognized as his own.

With trembling hands, Pierre opened the journal and began to read, his eyes widening in disbelief as he uncovered the truth behind the lighthouse's secret.

It was a tale of love and betrayal, of pirates and smugglers, of a hidden treasure that had been lost to the ages. And at the center of it all was Pierre himself, destined to uncover the truth and reclaim what was rightfully his.

With a sense of purpose burning within him, Pierre vowed to protect the lighthouse and its secrets, to keep its treasures safe from those who would seek to claim them for their own.

And as he emerged from the depths of the lighthouse, the storm still raging outside, Pierre knew that he had uncovered something far more valuable than gold—a sense of adventure, a taste of excitement, and a secret that would bind him to the lighthouse for the rest of his days.

www.ingramcontent.com/pod-product-compliance
Lightning Source LLC
Chambersburg PA
CBHW061334120726

48001CB00002B/852